I0233343

L²⁷ₙ
34264..

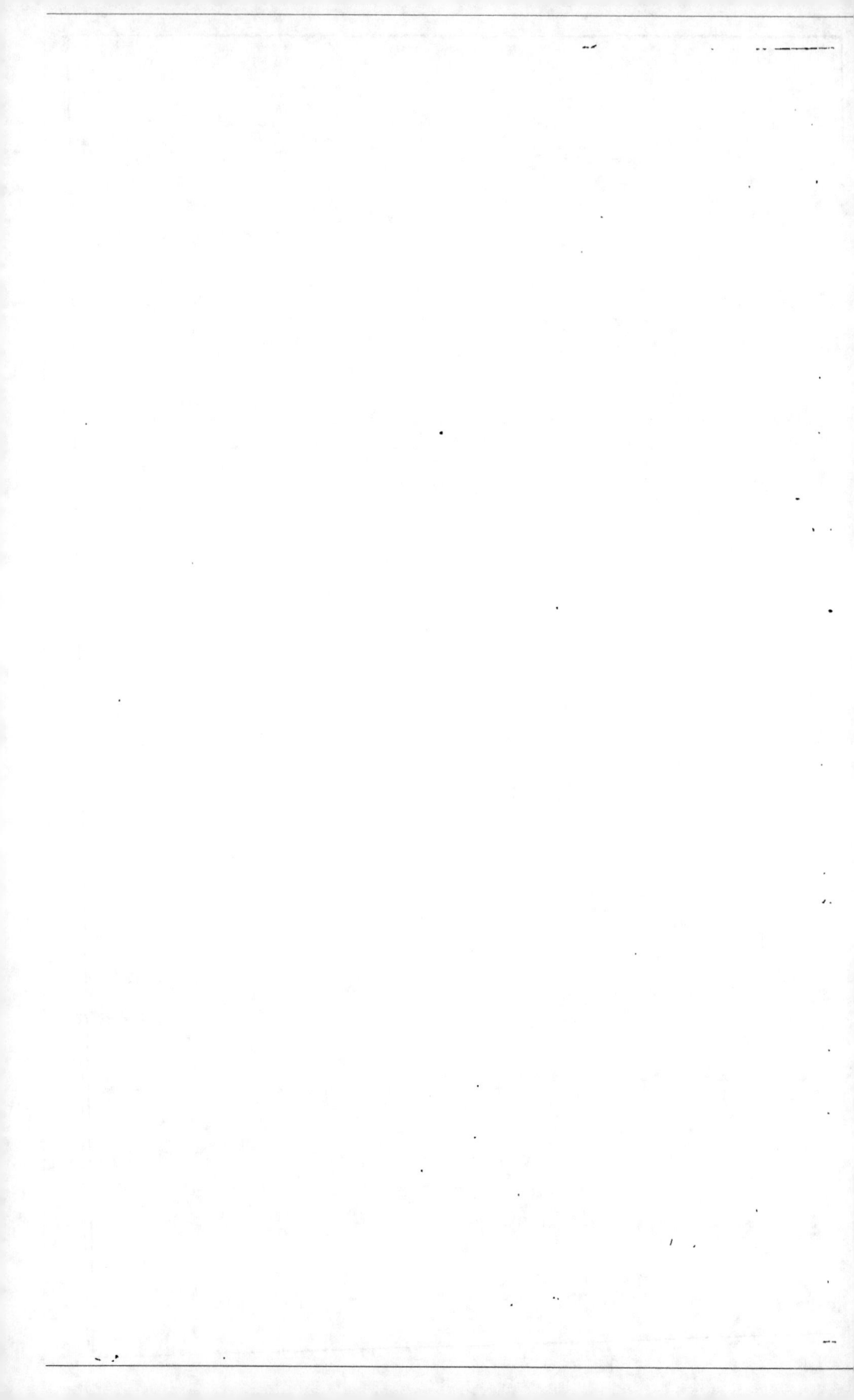

SAINT LEU

ARCHEVÊQUE DE SENS

SON SIÈCLE, SA VIE, SON CULTE

PAR

M. l'abbé F. PROTOIS

Docteur en théologie.

PARIS

SOCIÉTÉ GÉNÉRALE DE LIBRAIRIE CATHOLIQUE

V. PALMÉ, DIRECTEUR-GÉNÉRAL

76, rue des Saints-Pères, 76

1883

L 27
n
264

SAINT LEU

ARCHEVÊQUE DE SENS

SON SIÈCLE, SA VIE, SON CULTE

In 27

34264

SAINT LEU

ARCHEVÊQUE DE SENS

SON SIÈCLE, SA VIE, SON CULTE

DISCOURS

PRONONCÉ EN L'ÉGLISE PAROISSIALE DE SAINT-LEU, A PARIS

Le 3 Septembre 1882

PAR M. L'ABBÉ F. PROTOIS

Docteur en théologie.

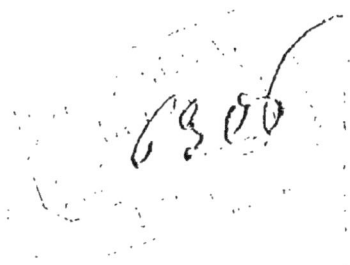

PARIS

SOCIÉTÉ GÉNÉRALE DE LIBRAIRIE CATHOLIQUE

V. PALMÉ, DIRECTEUR-GÉNÉRAL

76, rue des Saints-Pères, 76

—

1883

SAINT LEU

ARCHEVÊQUE DE SENS

SON SIÈCLE, SA VIE, SON CULTE

> *Ecce sacerdos magnus !*
> Voilà un prêtre qui fut grand.

MES FRÈRES,

Une marque de gloire et de grandeur chez un peuple, c'est assurément de pouvoir, en parcourant ses annales, y découvrir une longue lignée de citoyens dévoués au bien public, de héros vaillants et de sublimes génies. Mais, à côté de cette illustration purement humaine, il en est une autre, d'un ordre plus élevé, bien faite aussi pour rendre fière une nation, c'est le livre d'or de ses saints. Les saints, voilà l'auréole d'un peuple, voilà sa plus belle parure.

Or, s'il est un pays dans le monde qui nous apparaisse portant au front cette couronne de la sainteté, c'est la France. S'il est un sol qui ait vu germer et fleurir une riche moisson de saints, c'est celui de notre patrie.

Depuis les Denys, les Trophime, les Martial et les Irénée, ces apôtres de la Gaule, au premier siècle, jusqu'à nos jours, quelle nuée imposante de témoins qui ont marché sur les traces de Jésus-Christ! Quelle armée dont les luttes pourraient fournir à un Homère chrétien la matière d'une admirable épopée!

Eh bien! M. F., parmi les combattants de cette armée, il en est un dont la mémoire nous est chère à un titre tout particulier. Des liens sacrés nous unissent à lui. C'est le Patron de cette église, saint Leu, archevêque de Sens. Dans la légion des Saints français, il n'est pas peut-être l'un des plus connus; sa vie n'en fut pas moins féconde, ni son rôle moins glorieux. Nommer saint Leu, n'est-ce pas rappeler cette époque, mémorable à jamais, où furent jetées les bases de notre unité religieuse et nationale? Il fut l'un de ces évêques, hommes grands par la foi, par le cœur et par le caractère, dont le protestant

Gibbon a pu dire qu'ils ont fait la France comme les abeilles forment leur ruche. Depuis le moment où Dieu lui conféra le ministère des âmes, jusqu'à sa mort, il offrit dans sa personne le modèle accompli d'un évêque chrétien. C'est surtout à ce point de vue que nous voudrions l'envisager.

En ces jours d'agitation maladive, quand l'on ne sait si la France finit ou si elle recommence, il ne sera pas inopportun de remettre sous vos yeux, M. F., l'image d'un de ces vieux pontifes qui lui ont donné la vie sociale et chrétienne. Il est bon, dans un temps où la calomnie souffle contre le clergé la haine et la persécution, de montrer qu'un prêtre, par cela même qu'il est fidèle à Dieu, est en même temps l'ami du peuple, le serviteur dévoué de son pays ; il est bon d'évoquer de la tombe une voix de plus qui dise à chacun : Lutte pour la justice, lutte pour le salut de ton âme. *Pro justitiâ agonizare et pro animâ tua.* (Eccli., IV, 33.)

I

Veut-on étudier la mission providentielle d'un homme? Il faut tout d'abord jeter un coup d'œil sur le théâtre au milieu duquel Dieu s'est plu à le produire.

Saint Leu appartient à cette période de l'histoire comprise entre Grégoire le Grand et Charlemagne. Aucune époque peut-être n'a été plus méconnue, plus injustement traitée. Les six premiers siècles ont trouvé grâce devant les historiens. Les âges postérieurs à Charlemagne ont été successivement réhabilités. Quant au vii⁰ siècle, il est convenu de n'y voir qu'un chaos plein de barbarie et de ténèbres.

C'est qu'en effet l'Occident surtout paraît alors enseveli dans l'ombre. Notre Grégoire de Tours n'a pas trouvé de continuateurs ; l'histoire générale se voile et se tait ; la chaîne des traditions ecclésiastiques et nationales est brisée ; nous n'avons plus au début et dans tout le cours de cette période que de rares chroniques particulières, écrites à la hâte, que des dates indécises et des lambeaux de légendes. Cette pénurie de documents, cette stérilité d'historiens, en Gaule surtout, communiquent un air d'infériorité aux événements et aux hommes.

Cependant, ces temps dédaignés, l'un de nos plus érudits, de nos plus graves historiens, Mabillon, n'a pas craint de les saluer du nom d'âge d'or[1].

Le vii⁰ siècle n'est-il pas par excellence le siècle des saints? Le peu de renseignements qui nous sont parvenus a suffi pour arriver au delà du nombre de huit cents. Parmi ces bienheureux, cinq cents appartiennent à la seule Église de France.

Ainsi, des multitudes d'âmes se sanctifièrent alors dans la prière et dans la pénitence ; chose d'autant plus glorieuse, que l'époque dont nous parlons, fut une des plus critiques de l'histoire de l'Église. Après une mêlée de deux siècles, des nations, placées jusque-là en dehors de la civilisation antique, isolées du mouvement intellectuel, poli-

---

1. Jucundior apparet rerum facies... aureum vere sæculum ! (Acta S. ordin. Sancti Benedicti, sœcul. II, præf. n. 1.)

tique et religieux imprimé par le christianisme, venaient de s'établir sur les ruines de l'empire romain, vaincu et écrasé. Il s'agissait de civiliser et de christianiser ces peuples devenus les dominateurs de l'Europe. Œuvre pleine de difficultés; les Papes l'entreprirent, à la suite de Grégoire le Grand, ils l'accomplirent de concert avec les moines et les évêques. C'était un monde nouveau à évangéliser. L'Église avait devant elle le chaos, la férocité des mœurs, l'intempérance des plaisirs, la violence des passions, la polygamie, obstacles qui rendaient humainement impossible une organisation sociale et chrétienne. Tout était anarchie dans l'état général créé par l'invasion. Gouvernement, législation, littérature, sciences et arts, tout s'était abîmé dans un cataclysme effroyable. L'Église entreprit de tout reconstituer. Elle travailla à convertir lès Barbares; elle en fit des hommes d'abord, et des chrétiens ensuite. On comprend quelles difficultés elle eut à vaincre dans cette lutte immense.

Du pêle-mêle des innombrables tribus confusément répandues sur l'Occident par le flot de l'invasion, quatre agglomérations se trouvaient formées au vii⁰ siècle, dans des conditions diverses : les Lombards en Italie, les Goths en Espagne, les Anglo-Saxons dans la Grande-Bretagne et les Francs dans les Gaules. Vers ce temps, tous arrivent à la foi catholique; mais, entre ces peuples, il en est un qui a déjà pris le pas sur les autres, c'est la race des Francs. Régénérée avec Clovis dans le baptistère de Reims, cette nation, la sœur aînée des nations catholiques, était appelée par la Providence à de grandes et glorieuses destinées, et dans tout le cours de son histoire, qu'on a si bien nommée les actes de Dieu par les Francs, *Gesta Dei per Francos*, elle devait ne jamais défaillir dans la foi.

Au temps de l'invasion, l'épiscopat, actif et vigilant, n'avait cessé de porter des secours avec des consolations aux campagnes, aux cités. En Gaule, on avait vu un saint Aignan préservant son peuple des fureurs d'Attila ; un saint Quentin rassurant les populations effrayées; un saint Patient nourrissant des villes entières; un saint Loup se jetant au-devant des vainqueurs,

les étonnant, les désarmant et les mettant en fuite
par sa seule parole; un saint Rustique, évêque de
Lyon, un saint Épiphane, traversant les fleuves et
les montagnes pour racheter par milliers les captifs;
tous, on les avait vus prêchant l'Évangile aux peuples, convertissant les Barbares, portant à ces
hommes de sang des paroles de paix, de justice et
d'amour, formant les jeunes clercs, fondant des
monastères, assistant au plus fort de la tempête à
plus de cent conciles, et là, délibérant sur les plus
importantes questions de l'ordre spirituel et tem-
porel, faisant des lois pour la création des asiles
et des écoles, pour l'émancipation des esclaves,
pour la protection des veuves, des petits, en un
mot, des *indéfendus* de tout genre.

Tel fut le grand spectacle donné aux vᵉ et
vıᵉ siècles. Deux forces alors se disputent le
monde : les Barbares et l'Église; les Barbares,
pour perdre, l'Église pour sauver; les Barbares
tuent et détruisent, l'Église relève et vivifie; aux
Barbares la mission d'exécuter les vengeances de
Dieu; à l'Église celle de sanctifier les âmes et de
civiliser les peuples.

Le viie siècle venu, dans notre pays plus que partout ailleurs, les évêques recueillent la moisson dont leurs devanciers, les Remi de Reims, les Germain d'Auxerre, les Loup de Troyes, les Césaire d'Arles, et tant d'autres, avaient jeté la semence. Leur autorité s'exerce dans toute sa plénitude. Chacun d'eux est tout à la fois le directeur de ses clercs, l'administrateur de son Église, le défenseur de la cité, le protecteur des pauvres, des veuves, des orphelins. Tous se serrent autour de lui. Ces vieux évêques ont bâti auprès de leur église un monastère qui leur sert tout à la fois d'évêché, de séminaire, d'hospice pour les indigents et les étrangers. Travailleurs infatigables, ils sont vraiment les précepteurs, les pères, les tuteurs, les éducateurs de la société nouvelle.

O prodige ! avec les éléments les plus barbares, nous arrivons en quelques années à des myriades de saints, en quelques générations, au règne à jamais glorieux de Charlemagne. Après la disparition du grand empereur, l'Occident, il est vrai, retombera dans un abîme de désastres. Comme au ve et au vi^e siècle, ce sera encore la guerre, mais la guerre féconde et civilisatrice, rapprochant les races, les mêlant pour les unir. Alors l'humanité entrera dans une de ces crises qui précèdent, qui préparent les grandes choses ; en même temps l'on verra se continuer au cœur des nations européennes ce travail de rénovation par le christianisme, qui plus tard produira, dans la belle période du moyen âge, tant d'œuvres de sainteié, de science et de gloire.

Cette splendeur de la foi et de la civilisation, qui l'aura préparée ? Qui aura fait sortir du chaos ce monde nouveau ? Qui, avec des races nomades, avec des natures sauvages, violentes jusqu'à la férocité, sans notion du droit ni respect pour la vie, n'écoutant que les inspirations de leur haine et l'instinct de leurs passions, aura composé un peuple docile à la foi, amoureux de la justice et de la vertu, dégagé de la terre, pratiquant la fraternité jusqu'à l'oubli des injures ? Qui aura éclairé l'esprit de ces barbares, purifié leur cœur, discipliné leur volonté, façonné leur caractère, adouci leurs mœurs, désarmé leurs colères, changé leurs habitudes, réformé leur conduite et leur vie ? Qui aura relevé

si haut des natures tombées si bas? Les évêques;
et parmi eux brille du plus vif éclat, je ne crains
pas de le dire, notre illustre patron, saint Leu,
archevêque de Sens.

Il fut associé à l'œuvre de transformation dont
nous venons de parler. Intrépide pionnier de la
civilisation chrétienne, il travailla, l'un des premiers, à défricher, à rendre fertile cette partie de
la vigne du Seigneur qui est devenue ensuite le plus
beau royaume de l'univers; je veux dire, la France.

Nous avons marqué le rang que Dieu avait
assigné à saint Leu; il nous faut voir comment il a
su l'occuper.

II

Entre tous ceux que la Providence destine au
ministère des âmes, il en est qui ont commencé
par voyager sur toutes les routes du monde; après
qu'ils ont vu la vanité de ses plaisirs, qu'ils n'ont
trouvé dans cette existence orageuse que l'inquié-
tude de l'esprit ou le désenchantement du cœur,
alors, grâce à une illumination soudaine de Dieu,

ils reviennent à lui, afin de réparer, par les vertus de leur âge mur ou de leur vieillesse, les fautes de leur adolescence. Tel fut saint Augustin.

D'autres, au contraire, semblent porter en quelque sorte, dès la naissance, le signe de l'élection. Comme Samuel, ils entendent la voix de Dieu qui les appelle. Ils suivent docilement l'attrait d'en haut, et pareille à un navire qui se laisse aller au gré d'un vent favorable, leur jeunesse pleine de fraîcheur arrive devant l'Église, aux pieds du Christ. L'Église l'accueille tendrement, le Christ la bénit.

Saint Leu fut de ce nombre. Né près d'Orléans [1], vers l'an 573, il trouva au foyer domestique, dans la personne de son père et de sa mère, l'exemple

---

1. Orléans, aux sixième et septième siècles, était une ville très importante au point de vue ecclésiastique. Le premier concile national des églises franques, après la conquête des Gaules par Clovis, avait été tenu dans cette ville. Elle fut également choisie pour presque toutes les réunions de ce genre durant le sixième et le septième siècle. On n'y compte pas moins de huit conciles successivement célébrés depuis l'an 511, sous Clovis Ier, jusqu'en 634, sous Clovis II. Ces conciles étaient les vraies assemblées législatives de l'époque.

de la plus haute piété. Son père se nommait Betton : c'était tout à la fois un vaillant soldat, un riche seigneur, un chrétien fervent [1]. Austrégilde, sa mère, qu'on a surnommée *la sainte* (Agia), était, comme son mari, de la race des *leudes*, à qui Clovis, en vertu du droit de conquête, avait distribué des domaines autour d'Orléans. Les parents de Leu habitaient, en aval de cette ville, un château situé au sommet de la Braye, l'un des coteaux que baigne la Loire. Leur vie ne nous est malheureusement pas connue; le seul fait saillant, mais qui suffit à leur gloire, c'est que, saints tous les deux, ils donnèrent le jour à un saint.

Plus nobles encore par les sentiments d'une foi vive que par leurs richesses et par l'illustration de leur race, ils s'empressèrent de procurer le bienfait de la régénération baptismale à leur enfant. Ce dernier reçut au baptême le nom franc de *Wolf*, *Lupus* en latin, *Leu* dans le dialecte picard, et *Loup* en français. Austrégilde, se con-

---

1. Plusieurs martyrologes le qualifient de *bienheureux*. Il fut honoré, sous ce titre, à l'abbaye de Saint-Leu, près d'Orléans, jusqu'au xvie siècle. —

finant dans son intérieur, voulut elle-même allaiter son fils. Toute à ses devoirs de mère, elle s'appliqua principalement à déposer dans cette jeune âme le germe des vertus chrétiennes, la haine du péché, l'amour de Dieu et des hommes. Grâce à cette première éducation, que rien ne supplée, Leu crut en vertu en même temps qu'en âge; il ne connut de l'enfance que le bonheur d'ignorer ce qu'il est douloureux de savoir.

Ah! mères chrétiennes, quelle influence vous pouvez exercer dans vos familles! Pour le prouver, M. F., je n'ai qu'à faire appel à vos souvenirs. Qu'est-ce qui a fait le plus d'impression sur votre esprit, sur votre cœur, dans vos jeunes années? Qu'est-ce qui, dans un âge plus avancé, a retenu la loi de Dieu au fond de votre âme? C'est l'exemple de votre mère. A nos mères nous devons, la plupart du temps, nos qualités et nos vertus, nos qualités d'hommes, nos vertus de chrétiens. Les avantages qui nous viennent d'ailleurs, ne font que fortifier en nous l'œuvre de ce ministère d'affection. Ainsi, mères chrétiennes, vous êtes les premiers et les plus sérieux des instituteurs. L'Eglise catholique n'a pas d'auxiliaire plus puissant que cet apostolat qui sait maintenir au sein de la famille la pureté de la foi, la dignité des mœurs ; et si l'esprit religieux s'est conservé parmi nous fort et vivace, si les théories mauvaises, répandues de toutes parts, ont seulement amoindri la foi sans l'éteindre, si, dans la vie des hommes d'aujourd'hui, nous sommes témoins de ces retours trop souvent tardifs, c'est qu'il reste parmi nous une puissance qui agit avec la double autorité de l'amour et de la vertu. Ces impressions reçues avec la vie, le monde peut les affaiblir, il ne peut les effacer ; elles revivent tôt ou tard. Tôt ou tard, nous nous rappelons qu'il fut un temps où les mains de notre mère se joignaient aux nôtres dans une prière commune, et ces souvenirs du jeune âge sont dans la vie de tout homme les plus vivants, les plus inaltérables.

Leu n'avait pas seulement reçu de Dieu ce trésor d'une pieuse et sainte mère. Il avait deux oncles maternels, tous deux destinés à monter un jour, avec leur sœur Austrégilde et leur neveu, sur les autels. L'un, saint Aunaire, occupait, depuis l'année 572, le siège épiscopal d'Auxerre[1] ; sa science et son zèle faisaient dire partout que le grand saint Germain revivait en lui. L'autre, Austrène[2], devait en 587 devenir évêque d'Orléans, sa ville natale.

Lorsque notre jeune Orléanais, élevé pieusement par sa mère, fut en âge d'être initié aux sciences humaines et sacrées, il fallut songer à lui ouvrir une carrière. Issu du sang royal, on aurait pu le préparer à une haute dignité, en le plaçant au palais du roi Gontran. Mais les cours n'étaient alors qu'une école d'infamies, livrées qu'elles étaient à l'influence de Frédégonde et de Brunehaut ; la lutte de ces deux furies est écrite en lettres de sang dans notre histoire. L'Église seule offrait un refuge aux nobles âmes qui avaient la duplicité et la violence en horreur. Voulant

1. Auxerre était alors, comme Orléans, une ville épiscopale, dépendant de Sens. Le corps de saint Aunaire y fut conservé dans un reliquaire d'argent, jusqu'au seizième siècle, époque à laquelle il fut profané comme celui de la mère de saint Leu, à Orléans, par les Calvinistes.

2. Le *Martyrologe gallican* donne à Austrène le titre de Bienheureux.

continuer à leur fils le bienfait d'un milieu de sainteté chrétienne, Betton et Austrégilde le confièrent à ses deux oncles.

L'enfant, dès lors, partagea son temps entre Orléans et Auxerre. Doué de talents naturels, rempli d'amour pour le travail, il fit de rapides progrès, devança tous ses compagnons d'étude, et se distingua par sa vertu ainsi que par son éloquence. Témoins de ces succès, les doctes et saints précepteurs résolurent de consacrer leur élève au service des autels.

Il y a dans l'existence de l'homme un moment décisif qui détermine l'avenir; c'est l'heure où, sur le seuil de la vie, il délibère entre la famille qui finit et le monde qui commence. Les pensées abondent, le cœur se débat. Heureux le jeune homme qui, recueilli sous le regard de Dieu, trouve, pour dissiper ses incertitudes, plus qu'une mère et qu'un ami, un saint prêtre heureux lui-même de lui ouvrir la voie!

Suffit-il d'être appelé, ou même de répondre? Non, il faut se rendre digne. Une fois enrôlé dans la cléricature, Leu s'acquitta des

fonctions sacrées avec une angélique ferveur.
« Il était doué d'une voix pure, dit un de ses
biographes, il chantait avec suavité les harmo-
nies du Christ ». Pénétré des obligations attachées
au caractère sacerdotal qu'il devait bientôt revêtir,
il se livrait, plein d'ardeur, à l'étude, à la prière, à
la pratique de la charité. Il fréquentait assidument
les tombeaux des saints ; à Auxerre, c'était près du
corps de saint Germain, à Orléans, près des reliques de saint Aignan qu'il venait éclairer et fortifier son âme. Pour discipliner sa chair, il la sou-
mettait à d'austères pénitences. Il multipliait
autour de lui les bonnes œuvres, aimant à se-
courir les pauvres, à consoler les affligés, à répandre
d'abondantes aumônes, à visiter les hôpitaux,
méprisant les plaisirs de la terre, portant toutes
ses pensées, toutes ses aspirations vers le ciel.

Ce fut l'évêque d'Orléans, tout porte à le croire,
qui conféra la tonsure à saint Leu. Celui-ci avait
alors dix-sept ans. Le jeune lévite fut ensuite pré-
posé tour à tour à la garde de la maison de
Dieu, à la lecture publique des saints livres, aux
exorcismes, au soin de l'autel. Puis il fit un der-

nier pas, et d'un cœur plein d'allégresse, il se voua pour jamais à la virginité cléricale.

On aime à suivre par la pensée le noble jeune homme, retraçant dans la maison du Seigneur toutes les vertus de Népotien, comme lui le premier à l'œuvre, le dernier par le rang, assidu à la prière, donnant ses larmes à Dieu et non pas au monde, ayant toujours les divines Écritures sous les yeux, dans ses mains, sur ses lèvres, dans son cœur transformé en bibliothèque du Christ, sur sa couche même où souvent les pages sacrées recevaient sa tête appesantie par le sommeil, veillant avec sollicitude à ce que les parois du temple fussent sans poussière, les pavés nets, les voiles tendus devant les Saints-Mystères, le sanctuaire sans tache, l'autel brillant, les vases limpides de propreté, toujours prêt pour les fonctions saintes, toujours empressé pour les cérémonies même les plus petites, enfin toujours à l'église; tel était le fidèle imitateur du clerc dont saint Jérôme a tracé l'éloge.

Ordonné prêtre à Orléans par le bienheureux Austrène, il ne se prévalut point de cet honneur. Plus que jamais, il chercha à s'effacer, ne trahissant sa présence dans la demeure épiscopale de son oncle que par un redoublement de zèle, de piété, de charité et de mortifications.

La renommée des vertus de Leu se répandit au loin. Il arriva, dit un chroniqueur, à occuper une grande place dans le cœur des gens de bien, et même des impies. On comprit qu'un tel homme élevé à l'épiscopat en ferait la gloire et la force. Aussi, en 609, saint Artème, archevêque de Sens[1], étant mort, la voix publique désigna-t-elle aussitôt notre saint pour son successeur. Le peuple et le clergé de cette métropole avaient en grande vénération le neveu d'Aunaire; ils le demandèrent pour évêque au roi Thierry II qui, depuis l'année 596, de concert avec Brunehaut, son aïeule, gouvernait les royaumes de Burgondie et d'Orléans. Le monarque céda volontiers aux instances des Sénonais, et Leu,

1. Sens était alors l'une des plus importantes villes de la Gaule. Elle était d'ailleurs l'une des plus anciennes. Certains chroniqueurs veulent même qu'elle ait été fondée avant Rome. Saint Leu en fut le vingt-et-unième évêque.

bien que simple prêtre, fut promu à la dignité archiépiscopale.

Il était prêt. En considérant son troupeau, il se dit avec joie : *Hæc sors tua parsque mensuræ tuæ* : Ceci est ton sort et ton partage en Israël pour jamais. (Jérémie, XIII, 25.)

Alors commença pour lui la mission de convertir les âmes, de les éclairer, de les purifier, de les désaffectionner des choses du monde pour leur inspirer l'amour de Dieu. Tâche pleine d'angoisses et de labeurs, s'écrie Lacordaire ; de tous les travaux de l'homme, c'est là le plus accablant pour ses forces, c'est l'art des arts : *Ars artium regimen animarum.*

Leu entreprit ce travail, plein de confiance dans Celui qui a dit : Je vous envoie comme des agneaux au milieu des loups, mais rassurez-vous, j'ai vaincu le monde. Il porta dans la chaire épiscopale l'énergie et l'activité qui distinguaient son âme. Pendant quatorze ans, il donna à son église le spectacle d'un homme détaché de tout, prêchant plus encore par ses exemples que par ses discours, fidèle imitateur de Jésus-Christ dont il est écrit au saint Évangile qu'il commença par agir et qu'il parla ensuite.

L'épiscopat dans les Gaules, à cette époque, exigeait un grand caractère dans une âme pleine de foi. Il fallait rassembler en un même bercail une population mêlée, diverse de mœurs, de langue, de sang et de noms; il fallait offrir dans sa personne une expression vivante de l'Evangile, faire germer et fleurir la sainteté dans des races dures de tête, indomptables de cœur, combattre les erreurs qui troublaient la pureté de la doctrine; il fallait se placer entre les souffrances des peuples et la tyrannie des pouvoirs, comme un ange de paix et de conciliation. Telle est la mission qui s'offrait à saint Leu. La tâche était rude, qu'on ne s'y trompe pas; néanmoins, il l'accomplit.

Dans le ministère sacré du prêtre, il est surtout une chose qui est comprise par tous et s'impose à tous; c'est l'ascendant de l'exemple. Rien n'est plus fort ni plus puissant dans le monde qu'une prédication en actes, qui puise son autorité dans la sainteté de la vie. On comprend, dès lors, l'influence souveraine que la parole de Leu dut exer-

cer sur les populations sénonaises. Cet homme,
issu d'une illustre famille, cet homme qui aurait
pu prétendre aux plus hautes dignités, on le vit
donner l'exemple du détachement le plus complet,
des plus héroïques mortifications. Sa nourriture
était des plus frugales ; son lit consistait en une
couche misérable où il prenait à peine le repos né-
cessaire à la réparation de ses forces.

Le pauvre venait à lui ; il ne le repoussait jamais.
Sa maison était la maison de tous. Dans les diffé-
rends qui s'élevaient entre les habitants de la cité,
on le prenait pour arbitre ; maintes fois il s'in-
terposa entre les forts et les faibles, entre les gou-
verneurs et le peuple, pour apaiser la violence des
uns, pour protéger les droits des autres.

Cette mission, M. F., nous ne saurions trop le
redire, fut celle de tous les évêques de ce temps.
Dans ces siècles barbares, les populations avaient
beaucoup à souffrir. Aucun frein, aucun pouvoir
modérateur, pour réprimer les excès de la force
matérielle. L'épiscopat, l'épiscopat seul plaida
la cause des opprimés ; seul, il intervint au nom
du droit, de la justice, de la morale, en faveur des

peuples victimes de la tyrannie. Est-il rien de plus beau, rien de plus grand que ce ministère de l'Église, soutenant toujours, comme une chose inviolable, le principe d'autorité, mais aussi, réclamant toujours la liberté, quand les droits de ses enfants étaient violés, réprimandant les souverains, les frappant de ses excommunications quand ils abusaient de leur pouvoir? Leu comprit à merveille ce rôle de médiateur; pour l'épiscopat, au VIIe siècle, c'était un devoir impérieux et sacré. Au milieu des luttes inévitables qu'entraînait parmi son peuple l'état de barbarie dont on était à peine sorti, notre auguste patron apparut toujours comme un ange de douceur et de miséricorde. Toujours on le vit, l'Évangile d'une main, la croix de l'autre, prenant courageusement les affligés sous sa protection, consolant les malheureux, adoucissant les souffrances des pauvres, modérant la brutalité et l'insolence des dominateurs. En un mot, par ses vertus, par ses bienfaits, Leu illustra son siège épiscopal. Tous les habitants de Sens, disent les Bollandistes, rendaient grâces à Dieu de leur avoir donné un tel Pasteur, tant aimé du clergé et des fidèles, plein de justice, adonné au jeûne, libéral en aumônes, infatigable dans ses veilles, prédicateur éloquent de la sainte doctrine, retenu par son corps sur la terre, mais paraissant déjà le compagnon des anges dans le ciel.

Il semblait dès lors que plein d'œuvres, avant d'être plein d'années, Leu n'avait plus qu'à vivre en paix au milieu de son peuple. Qui pouvait troubler dans son ministère ce bienveillant et modeste Pontife? Quelle main pouvait lui présenter le calice de la douleur? Cependant il lui fut présenté. Dieu, dans ses impénétrables conseils, avait décidé que son serviteur irait dans l'exil et serait séparé de ses enfants.

III

Tant que saint Leu était resté à Orléans, il avait suivi avec tristesse, mais en simple spectateur, les luttes fratricides des princes mérovingiens. Devenu évêque, et du jour où ces rivalités menacèrent le troupeau confié à sa garde, il ne put s'en désintéresser. La ville de Sens avait jusque-là fait partie

du royaume de Burgondie, royaume distinct et
même rival de celui de Neustrie, c'est-à-dire,
des Francs occidentaux. Nous l'avons déjà dit,
Thierry II en était, depuis 596, sous la régence de
Brunehaut, son aïeule, le roi légitime. En 613,
cinq ans après la promotion de notre Saint à l'é-
piscopat, il mourut prématurément, ne laissant
pour lui succéder que quatre enfants en bas âge.
L'aîné Sigebert, qui avait à peine onze ans, monta
sur le trône; la régence continua d'appartenir à
Brunehaut. Clotaire II, roi de Neustrie, qui depuis
longtemps convoitait la réunion à sa couronne du
pays burgonde, crut le moment favorable pour s'en
emparer. Le duc Blidebod fut envoyé, à la tête
d'un corps d'armée, pour faire le siège de Sens.
Les circonstances étaient critiques. Malgré les
périls de la situation, Leu se rangea vaillam-
ment au parti du jeune et faible Sigebert, sacrifiant
ainsi son intérêt propre à un sentiment d'honneur
et de loyauté. Il savait qu'un chrétien doit à son
prince et à son pays obéissance, dévouement, fidé-
lité; il savait qu'il faut rendre à Dieu ce qui est à
Dieu, et à César ce qui est à César; il savait qu'en

devenant évêque d'une cité burgonde, il avait con-
tracté avec elle une alliance sacrée, et du même
coup épousé ses intérêts religieux, ses préférences
patriotiques.

Ce pays, d'ailleurs, méritait vraiment l'amour
d'un évêque. Les Burgondes avaient possédé en
Gaule un vaste royaume, lorsque les Francs, leurs
rivaux, y avaient à peine un camp. Les historiens
contemporains ont vanté leur sagesse, leur humeur
douce et indulgente, leur haute taille, leurs longs
cheveux blonds. Les Burgondes avaient donné à la
France son premier apôtre, Clotilde, à l'Église le
premier roi barbare qui ait été placé sur les autels,
saint Sigismond. Un de leurs évêques, Félix, cha-
pelain de la pieuse Bertha, avait préparé les voies
à l'apôtre de l'Angleterre, saint Augustin. Plus
tard, les ducs de Bourgogne repousseront les Nor-
mands, viendront s'asseoir sur le trône de France,
fonderont le royaume de Portugal ; ils seront les
premiers et les derniers à tenir le drapeau des croi-
sades. C'est de ce vieux sol des Eduens et des Burgondes que sortira saint Bernard ; là s'épanouiront
les grands noms de Cluny et de Cîteaux ; là se

produira toute une efflorescence d'illustrations, de monuments et d'institutions catholiques.

Voilà le royaume dont Clotaire II ambitionnait la conquête, et pour l'indépendance duquel saint Leu eut le courage de combattre, la gloire de souffrir.

Cependant, l'armée ennemie arriva sous les murs de Sens. Elle trouva les portes fermées et les habitants résolus à défendre énergiquement l'accès de la place. Mais ceux-ci n'étaient qu'une poignée. Comment tenir tête à des milliers d'hommes aguerris et parfaitement armés! Les Neustriens firent pleuvoir sur la cité une grêle de traits, en même temps que leurs machines de guerre sapaient les remparts. Plusieurs brèches furent bientôt ouvertes. Déjà les soldats de Clotaire se disposaient à monter à l'assaut. Décimés par les flèches des assiégeants, les Sénonais parlaient de se rendre. En un mot, tout était désespéré. A ce moment, le saint archevêque, qui savait que Dieu peut tout là où les hommes ne peuvent plus rien, se dirigea, guidé par une inspiration céleste, vers la basilique de Saint-Étienne. Là, il fit sonner la cloche, et lui-même, pendant ce temps, alla se prosterner au pied de l'autel, suppliant Dieu de protéger son peuple, levant le bras vers le ciel, comme un nouveau Moïse. Sa prière fut exaucée ; les assiégés reprirent courage ; la résistance devint terrible ; les troupes de Blidebod, frappées de terreur, levèrent le siège et s'enfuirent.

Ses ces entrefaits, un vaste complot s'ourdit en secret contre Brunehaut, parmi les grands d'Austrasie et de Bourgogne, impatients du joug que faisait peser sur eux cette femme impérieuse. Celle-ci venait de mettre en ligne les armées des deux royaumes pour marcher contre Clotaire II ; elle comptait sur une victoire certaine. Mais ses propres soldats, à l'instigation des leudes, commirent l'insigne lâcheté de la livrer à leur ennemi, elle ainsi que les quatre fils de Thierry, parmi lesquels le jeune roi Sigebert. En digne fils de l'infâme Frédégonde, Clotaire donna ordre de massacrer les quatre enfants. Quant à leur bisaïeule, devenue sa captive, après l'avoir abandonnée pendant trois jours aux insultes d'une barbare soldatesque, il la fit mourir dans un affreux supplice.

En même temps, les conjurés proclamèrent Clotaire, roi de tous les Francs. Il occupa, sans coup
férir, les royaumes de Bourgogne et d'Orléans.
Toute résistance devenait inutile ; Sens, cette fois,
se soumit et ouvrit d'elle-même ses portes aux
légions neustriennes.

Le nouveau roi envoya à la vieille capitale des
Sénonais un gouverneur nommé Farulf. Saint
Leu, à son arrivée, garda vis-à-vis de lui l'attitude
digne et réservée qui convient à un vaincu en face
de son vainqueur. Il le reçut, à la porte de sa
cathédrale, avec les honneurs dus à un représen-
ant de l'autorité. Cet accueil, froid mais respec-
tueux, mécontenta le gouverneur. Aussi adressa-t-il
au prélat une injurieuse réprimande, lui reprochant
de n'être pas venu à sa rencontre avec des présents,
lors de son entrée dans la ville. L'archevêque ré-
pondit, avec plus de noblesse que de prudence,
qu'il était le ministre d'un roi supérieur aux
rois de la terre, et qu'il avait mission, non pas de
faire des présents, mais d'enseigner la loi de Dieu
aux grands du monde. Blessé de ce franc et fier
langage, Farulf se promit d'en tirer vengeance. A

dater de ce jour, il fit tout pour perdre notre saint dans l'esprit de Clotaire. Mais, quels griefs articuler contre un homme dont les vertus, les bienfaits étaient universellement connus et admirés? On le présenta comme un conspirateur, comme un adversaire politique. Il fut accusé de vouloir soustraire le pays à l'obéissance de ses maîtres légitimes. Un abbé de Reims, nommé Madégésil, qui, à la mort d'Artème, s'était vu, malgré ses intrigues, écarté de l'archevêché de Sens, appuya, autant par ambition que par rancune, les perfides dénonciations du gouverneur. Le monarque, trompé par les calomnies de ces deux courtisans, condamna le pieux évêque à la peine de l'exil. Ordre fut donné de le conduire dans le village d'Ansenne, au pays de Vimeux[1], sur la rivière de Bresle, en Neustrie.

L'exil est une dure épreuve, M. F. Pour un père qui se voit séparé de ses enfants, sans espoir

1. Le Vimeux, contrée de l'ancienne Picardie, située entre la Bresle et la Somme, aujourd'hui comprise en grande partie dans le département de la Somme (arrondissemen d'Abbeville).

de les revoir jamais, c'est là un supplice dont l'amertume n'a pas d'adoucissement. Leu accepta cette croix avec un cœur endolori mais résigné. Il se rappela ces paroles de saint Paul : Tous ceux qui veulent vivre pieusement dans le Christ, souffriront persécution.

Mais, en quittant sa chère Église, il eut la consolation de se dire qu'il avait accompli son devoir.

Après un long et pénible voyage, il arriva, sous la conduite des soldats du roi Clotaire, dans le lieu qui lui avait été assigné. C'était une contrée plongée tout entière dans les ténèbres du paganisme. Les Francs qui l'habitaient, se mêlant peu aux populations gallo-romaines, avaient conservé le culte d'Odin, et, dans tout le pays, élevé aux dieux de la Germanie des temples et des autels. Leu, plein du zèle de l'amour de Dieu et du salut des âmes, ne resta point oisif dans son exil. Ne pouvant plus être évêque, il se fit apôtre. Il prêcha l'Évangile ; il édifia les populations par le spectacle de ses admirables vertus ; il opéra de nombreux miracles ; l'histoire signale notamment la guérison d'un aveugle. Il gagna ainsi à Jésus-Christ des multitudes d'idolâtres. Un officier, nommé Boson, à la garde duquel il avait été confié, touché par les œuvres merveilleuses que le serviteur de Dieu opérait chaque jour, embrassa le christianisme. Entraînés par l'exemple de leur chef, la plupart des autres Francs, qui composaient l'armée d'occupation, se laissèrent instruire par l'auguste exilé, et reçurent également le baptême. C'est à ces conversions accomplies par saint Leu, en Neustrie, qu'il est fait allusion dans l'oraison de son office : *Deus qui devotâ sancti Lupi... instantiâ non credentem populum ad tui nominis agnitionem evocasti.* O Dieu qui, par les pieuses prédications de saint Leu, avez appelé à la connaissance de votre saint nom tout un peuple d'infidèles.

Pendant ce temps, le peuple et le clergé de Sens, qui n'avaient pu se résigner à l'absence de leur vénéré pasteur, sollicitaient son retour. Ils députèrent à Rouen, résidence du roi, l'archidiacre Ragnégisil. Saint Winebaud, abbé du monastère de Saint-Loup, de Troyes, l'accompagna. Arrivés en présence de Clotaire, ils n'eurent pas de peine à lui démontrer que saint Leu avait été victime de menées déloyales et condamné injustement. Clotaire, de son côté, reconnut l'innocence de sa victime; il ordonna immédiatement sa mise en liberté.

L'illustre proscrit reçut avec joie, de la bouche même de ses deux défenseurs, la nouvelle de sa délivrance. Il dit adieu, non sans regrets, à ceux qui, par suite du malheur des temps, étaient devenus pour lui une seconde famille spirituelle, et il reprit le chemin de sa ville épiscopale.

A son passage à Rouen, le roi Clotaire voulut le voir. Il l'accueillit avec bienveillance dans son palais, l'admit à sa table, le servit lui-même plein de respect, et, à la fin du repas, se jetant humblement à ses pieds, il lui demanda pardon des peines qu'il lui avait causées. Saint Leu profita de cette circonstance pour solliciter du souverain la grâce d'un grand nombre de prisonniers. Il l'obtint, et c'est pourquoi, en traversant Paris, il fit ouvrir les portes des cachots à une multitude de malheureux qui lui durent ainsi, quelques-uns la vie, tous la liberté. Cet événement, on le comprend sans peine, rendit le pieux évêque populaire dans la capitale de la France; aussi bien, peut-il être considéré comme l'origine du culte dont saint Leu y a été honoré à travers les siècles.

Passant à Melun, il éteignit par ses prières un incendie allumé par la foudre.

Quand il approcha de Sens, tout le peuple vint au devant de lui en chantant des hymnes et des cantiques. Immense fut la joie des Sénonais à la vue de leur bien-aimé pontife; en même temps, tous versaient des larmes, dit la légende, en remarquant la maigreur qu'avaient produite en lui les souffrances de l'exil. Pendant son absence, on avait voulu leur imposer comme évêque l'abbé Madégésil, l'intrigant, le calomniateur; une émeute s'en était suivie, et, dans un mouvement de colère, la population avait égorgé l'intrus.

De retour parmi ses chères ouailles, Leu vécut encore neuf ans. De plus en plus, il gagna l'affection et la vénération universelles. La persécution n'avait fait qu'ajouter un lustre de plus à ses mérites; elle avait mis en lui ce je ne sais quoi d'achevé que le malheur ajoute à la vertu.

On ne compte plus les miracles pendant les dernières années de son épiscopat. Étant allé à Orléans, pour visiter les domaines qu'il possédait aux environs de la ville, il lui arriva, au milieu de la nuit, pendant qu'il était en prières, de se trouver tout à coup transporté sur le seuil de Saint-Aignan. Les portes avaient été fermées; Leu ne pouvait entrer dans la basilique. Alors, s'agenouillant, il se mit à prier Dieu avec ferveur. Soudain les portes du temple s'ouvrirent, roulant avec fracas sur leurs gonds. Les gardiens, réveillés par le bruit, furent très surpris de voir entrer le vénérable évêque, qui alla se prosterner devant le tombeau du saint protecteur de la cité. Son visage était rayonnant, ses yeux brillaient d'une lumière céleste.

Un autre jour, à Sens, tandis qu'il célébrait dans son église cathédrale le saint Sacrifice, en présence du clergé, une perle tomba du ciel dans le calice du pontife. Le roi Clotaire voulut avoir ce joyau qui fut longtemps conservé par lui et par ses successeurs, comme une relique précieuse.

Avant de mourir, saint Leu fit un testament digne d'un évêque, constituant l'église de Sens héritière de tous ses biens; il demanda, admirez

son humilité! qu'après sa mort, son corps fût in-
humé sous la gouttière de l'église de Sainte-Co-
lombe; durant toute sa vie, il avait eu pour cette
Sainte une dévotion particulière.

Ce fut en 623 qu'il rendit sa belle âme à Dieu.
Il se trouvait à Brienon[1], bourg situé à sept lieues
de Sens, présidant une réunion de ses prêtres; là,
il tomba malade, reçut une dernière fois, avec les
sentiments de la plus vive piété, la sainte commu-
nion, et mourut sans agonie. Il avait cinquante
ans.

Alors s'accomplit merveilleusement cette pro-
messe de Jésus-Christ : Celui qui s'abaisse sera
exalté. Par humilité, saint Leu s'était choisi une
modeste sépulture; là même, Dieu le glorifia et
par le nombre et par l'éclat des miracles. Les
peuples accoururent en foule à son tombeau. Il
existe encore aujourd'hui, ce tombeau; mais il est

1. Brienon, appelé depuis Brienon-l'Archevêque, aujourd'hui chef-lieu de canton de l'arrondissement de
Joigny (Yonne), a fidèlement gardé le culte de saint Leu.
On y conserve son cœur. Non loin de la ville se trouve
une fontaine dite de Saint-Loup où se sont opérés et
s'opèrent encore de nos jours de nombreux miracles.

vide; le dépôt précieux qu'il renfermait a passé de
la dalle funéraire à la gloire des autels.

Le culte de saint Leu s'étendit rapidement dans
toute la France, et bien au delà. Non seulement à
Sens, mais à Auxerre, à Orléans, à Amiens, à Paris, dans les Flandres, en Espagne, dans les cou-
vents de Notre-Dame de la Merci, en un mot, dans
les contrées les plus lointaines, d'innombrables
temples furent érigés en son honneur. Dès l'an 631,
la piété populaire éleva une chapelle sous le vo-
cable de notre Saint, près d'Orléans, sur la colline
de Saint-Jean-de-Braye que dominait le château de
ses aïeux. Là reposaient, depuis les premières années du vII° siècle, les corps du Bienheureux Betton
et de sainte Austregilde ; là commença ce culte qui
d'abord ne distingua pas le fils de son père et de
sa mère. A la chapelle succéda, au xIII° siècle, une
magnifique église abbatiale, qui fut détruite, comme
tant d'autres hélas ! en 1793. Mais de nos jours, cet
acte de vandalisme a été en partie réparé ; la géné-
rosité d'une pieuse, d'une intelligente chrétienne
a fait construire, à la place même du sanctuaire
démoli par la révolution, un élégant oratoire. Saint

Leu continue donc d'être honoré dans le lieu même qui l'a vu naître.

Entre tous les monuments élevés à sa gloire, il en est un où sa miraculeuse puissance s'est signalée d'une manière spéciale ; c'est la gracieuse église où nous sommes en ce moment rassemblés. Située au centre de la Capitale, combien elle a vu de générations venir invoquer sous ses voûtes, aujourd'hui six fois séculaires, la protection du saint archevêque de Sens ! Que d'âmes affligées ont trouvé ici la consolation, que d'infirmes la santé, que de petits enfants surtout la guérison ou la préservation de graves maladies ! Témoin cette antique confrérie de saint Leu, connue des Parisiens, de la France entière, par les grâces dont elle a été et continue d'être la source ; nos rois aimaient à y associer leurs enfants ; elle est fière de compter, dans la longue série de ses membres, parmi les noms des fils de la bourgeoisie et de la classe ouvrière, ceux de Louis XIII et de Louis XIV[1].

Depuis la fondation de cette paroisse, en 1235,

---

1. A la naissance de Louis XIII, en 1601, Henri IV ordonna que des messes fussent célébrées, neuf jours du-

il y a eu ici entre saint Leu et nos pères un perpé-
tuel échange d'hommages et de bienfaits, dont le
souvenir demeurera éternellement gravé au fond
des cœurs. En vain les années, en vain les siècles
se succèdent ; la mémoire de ce grand archevêque,
qui est tout à la fois notre protecteur et notre modèle,
subsiste toujours parmi nous ; elle est toujours en
bénédiction. Nos aïeux l'ont célébrée ; nous la bé-
nissons à notre tour ; et ceux qui viendront après
nous la chanteront jusqu'à la fin des âges.

Voilà comment l'Église honore ses saints. Elle
leur fait une popularité qui n'a point d'égale. Elle

---

rant, dans la chapelle de Saint-Leu, à l'intention du
prince nouveau-né.

Louis XIII et Anne d'Autriche, à la naissance de
Louis XIV, en 1638, se conformèrent à ce pieux usage ;
pendant neuf jours consécutifs, une députation du clergé
et de la noblesse de la cour se rendit à l'église Saint-Leu,
pour demander à Dieu, par l'intercession de l'illustre
archevêque de Sens, la conservation du prince qui devait
s'appeler plus tard le grand roi.

En 1716, à l'avènement de Louis XV, le régent Philippe
d'Orléans fit pareillement célébrer devant la châsse de
Saint-Leu, à l'intention de l'enfant roi, neuf messes so-
lennelles auxquelles assistèrent les principaux seigneurs
de la cour.

ne leur élève pas seulement çà et là quelques sta-
tues, au milieu des places publiques ; c'est dans le
monde entier, c'est dans le cœur même des chrétiens qu'elle leur dresse des autels. Une mère se
plaît à entourer le berceau de son petit enfant de
fleurs, de parfums, de fraîches tentures, de cantiques, de prières ; ainsi l'Église veille, prie et
chante autour des reliques de ses saints ; elle brûle
en leur honneur les parfums de l'encens ; elle en-
toure leurs restes précieux de soie, de pourpre et
d'or ; elle leur consacre de splendides demeures
qui effacent les palais des rois. Elle célèbre leurs
louanges ; chaque année, elle glorifie l'anniversaire
de leur mort, qu'elle nomme leur jour natal ; elle
en fait les patrons des cités, les bons anges des
peuples. Les cités pourront mourir, les peuples
se transformer et disparaître ; la mémoire des saints
ne périra pas.

Et maintenant, M. F., il ne me reste plus
qu'à vous inviter à marcher, autant qu'il est en
vous, sur les traces de votre glorieux patron. Effor-
cez-vous de pratiquer sur la terre les vertus dont
il vous a donné l'exemple, l'humilité, la pénitence,

la prière, l'innocence du cœur, la patience au sein
des tribulations, la conformité à la volonté de Dieu
au milieu des épreuves inséparables de la vie, le
mépris des biens qui passent avec le monde,
l'amour des biens qui demeurent dans l'éternité.
Ainsi vous arriverez là où saint Leu est arrivé lui-
même, là où il jouit du repos et de la récompense
que ses labeurs et ses vertus lui ont mérités. Du
haut du ciel, il vous appelle, il vous adresse les paroles de l'apôtre : *Imitatores mei estote sicut et ego
Christi.* Soyez mes imitateurs ainsi que j'ai été
moi-même l'imitateur de Jésus-Christ.

O grand évêque, ô grand saint, dont j'ai essayé
de prononcer l'éloge, vous qui avez été l'un des fon-
dateurs de cette Église de France, à laquelle nous
avons la gloire et le bonheur d'appartenir, protégez-
la par vos prières, après l'avoir illustrée par vos
œuvres. Père bienheureux, vous connaissez nos
maux ; comme nous, vous avez vécu dans un siècle
plein de troubles et de vicissitudes ; mais plus for-
tuné, vous avez vu de grands saints travailler, en
même temps que vous, au rétablissement de la cité
de Dieu. Implorez pour notre âge, dans les mêmes

périls, les mêmes secours du ciel. Demandez pour nous, au nom de vos mérites, la conservation de la foi, de cette foi qui a fait notre force, notre grandeur dans le passé, de cette foi sans laquelle il ne peut y avoir pour la France ni avenir ni bonheur. Par votre intercession, conjurez les malheurs qui semblent menacer la patrie, attristée par l'indifférence des uns, par l'incrédulité des autres, afin que toujours forte, toujours religieuse, toujours dévouée à la cause du Christ, elle continue ici-bas ses grandes destinées de nation chrétienne, de fille aînée de l'Église. Protégez en particulier cette paroisse qui, depuis des siècles, marche sous votre bannière, confiante dans votre haut et puissant patronage. Vous avez offert dans votre personne le modèle de l'évêque et du prêtre; obtenez aux pasteurs appelés à gouverner cette église la grâce de suivre fidèlement la voie que vous leur avez tracée. N'avez-vous pas ouvert les cachots de Paris? N'avez-vous pas délivré de leurs fers un grand nombre de prisonniers? Oh! brisez encore autour de nous les chaînes qui retiennent captives dans les ténèbres du péché tant d'âmes de nos malheureux frères.

C'est surtout aux petits enfants que vous aimez à faire sentir les effets de votre puissance. Combien vous en avez sauvés de la mort! Que de mères, que de familles en larmes vous avez ainsi consolées! Aujourd'hui plus que jamais, cet âge de la faiblesse et de l'innocence a besoin de protection, non seulement contre les maladies qui tuent le corps, mais contre les erreurs qui faussent l'esprit, contre les vices qui flétrissent le cœur. Veillez sur ces anges de la terre, sur ces privilégiés de Jésus! Ils sont l'espérance, ils sont l'avenir. Faites-les grandir dans la connaissance de la vérité, dans l'amour de la vertu, pour la gloire de Dieu, pour l'honneur de l'Église, pour le salut de la société, pour la prospérité de la patrie.

Paris. — Typ. PILLET et DUMOULIN, 5, rue des Grands-Augustins

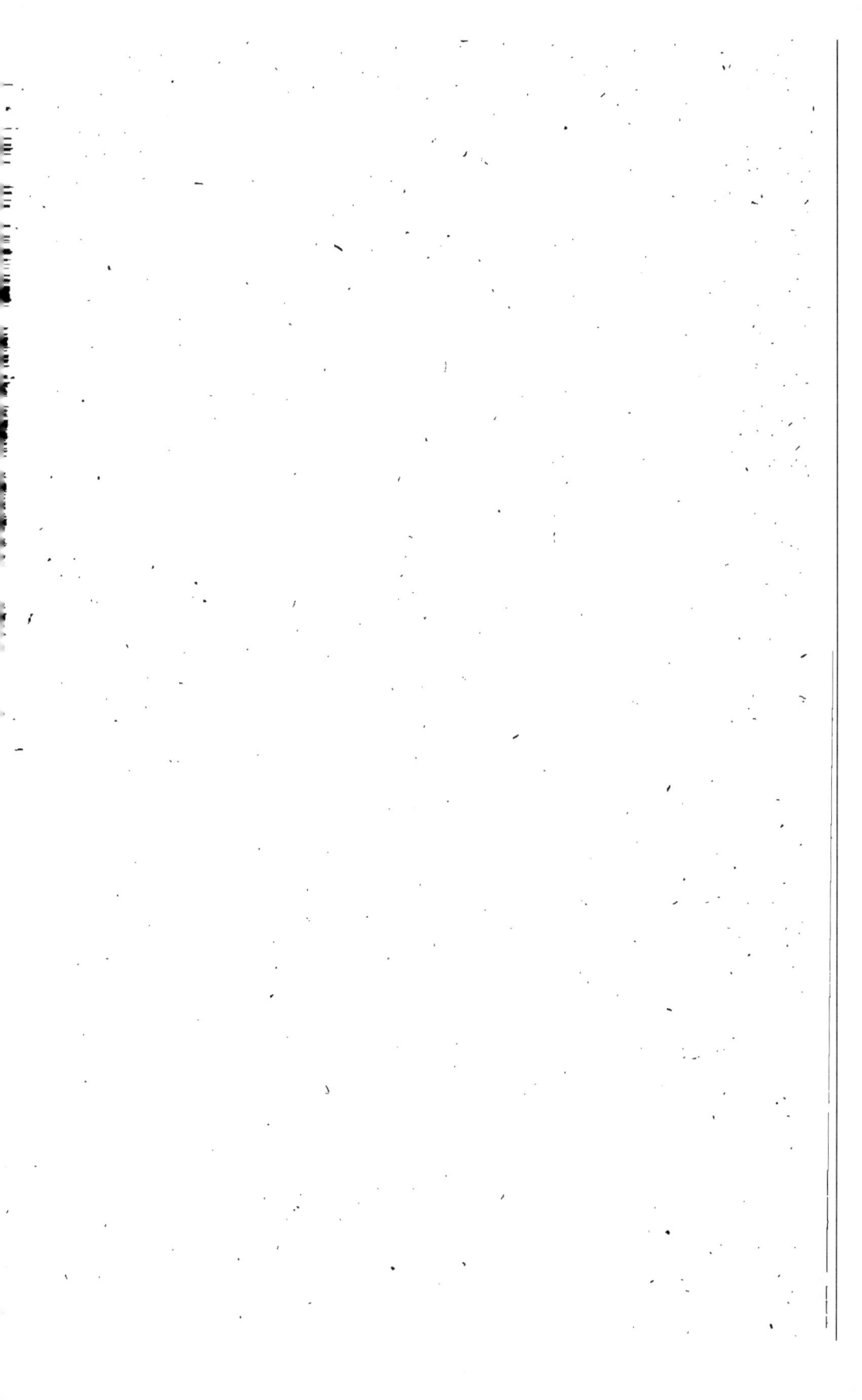

DU MÊME AUTEUR

———

Pierre Lombard, évêque de Paris, dit le Maître des Sentences. — Son époque, sa vie, ses écrits, son influence. — 1 vol. in-8°. V. Palmé, 1881.

Nations catholiques et Nations protestantes, ou Essai sur la prétendue décadence des races latines. — 1 vol. petit in-12. Olmer, 1874.

Panégyrique de saint Denys, premier évêque d'Athènes et de Paris, prononcé en la basilique de Saint-Denys en France, le 14 octobre 1882. V. Palmé, 1882.

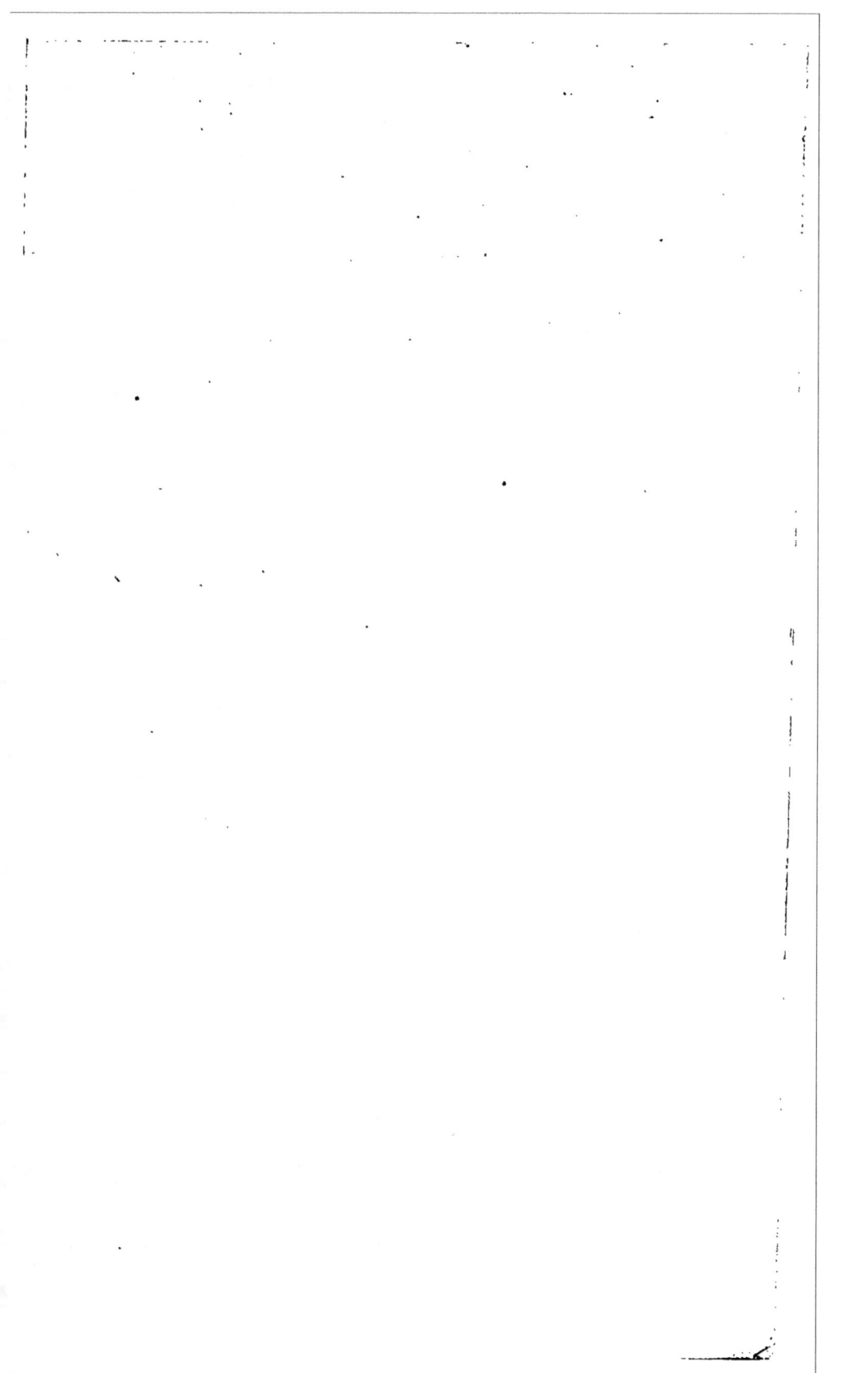

BIBLIOTHEQUE NATIONALE DE FRANCE

3 7502 00854263 3

www.ingramcontent.com/pod-product-compliance
Lightning Source LLC
LaVergne TN
LVHW022147080426
835511LV00008B/1300